Christian Friedrich Koch.

Eine

Skizze seines Lebens

von

Dr. J. F. Behrend
Professor der Rechte an der Universität zu Berlin.

BERLIN.
Verlag von J. Guttentag (D. Collin).
1872.

Druck von Troitzsch & Ostertag, Berlin, Kommandanten-Str. 44 a.

Christian Friedrich Koch wurde am 9. Februar 1798 zu Mohrin, einem kleinen Städtchen bei Königsberg in der Neumark, geboren — sechs Wochen früher als Ferdinand Wilhelm Ludwig Bornemann, der am 28. März desselben Jahres in Berlin das Licht der Welt erblickt hat [1]).

Man kann sich nicht leicht schärfere Gegensätze denken, als die äusseren Verhältnisse, denen diese beiden Neubegründer der preussischen Rechtswissenschaft entsprungen sind. Bornemann's Vater war ein geachteter Beamter in der Residenz, verhältnissmässig jung zu angesehener Stellung emporsteigend, in der Musse seiner amtlichen Geschäfte als Poet thätig und als solcher rühmlich bekannt. Sein Sohn genoss das unschätzbare Glück, von früh an in einem festgegründeten, gebildeten, angeregten Hause zu leben; er fand seine Wege geebnet und konnte Fleiss und Geistesgaben ungehindert seinen Zielen zuwenden.

Koch dagegen ist aus den untersten Lebenskreisen einer Landstadt hervorgegangen. Mühsam Schritt vor Schritt musste er sich die äusseren Bedingungen der Bildung und des Berufes erkämpfen. Die grosse Energie seines Geistes hatte sich vor Allem in der Ueberwindung der Schranken zu bethätigen, die seine Geburt ihm entgegenstellte.

Leider sind die Nachrichten, die uns über seinen Lebensgang zu Gebote gestellt sind, höchst dürftig. Aber auch aus diesen

---

[1]) Friedberg, zum Gedächtniss an Ferd. Wilh. Ludw. Bornemann. Vortrag, gehalten in der Jurist. Gesellschaft zu Berlin am 20. Februar 1864.

kurzen Mittheilungen geht hervor, welche harte Schule er durchzumachen hatte und wie früh sich in derselben sein Charakter entwickeln musste.

Koch war der Sohn eines Topfstrickers und Tagelöhners, ebenfalls Christian Friedrich mit Vornamen, und der Marie Elisabeth gebornen Manteuffel, verwittweten Tagelöhner Zerbst, die mit ihrem jetzigen Manne in zweiter Ehe lebte. Einziges Kind seiner Eltern, musste der künftige Rechtsgelehrte, während der Vater auf die nächsten Dörfer wanderte, um dort Töpfe zu binden oder sonst kümmerliche Arbeit zu suchen, die Ziegen und Gänse des väterlichen Haushaltes auf die Weide führen. Auch als der Knabe bereits die Schule besuchte und sich dort die ersten Kenntnisse erwarb, wurde ihm diese Beschäftigung nicht abgenommen. Sein Lerneifer aber ermüdete nicht. Von seinen Heimaths- und Altersgenossen wird die Erinnerung bewahrt, dass er auch beim Viehhüten stets mit Schiefertafel und Stift oder später mit Papier, Bleistift und Büchern beladen, lesend und schreibend angetroffen worden sei. Dem Vater soll diese rastlose Thätigkeit anfänglich bedenklich gewesen sein, weil er dieselbe als nutzlos betrachtete. Es wird berichtet, dass er einst kopfschüttelnd die Aeusserung gethan habe: „Junge, Du kannst doch nie Präsident werden.“ Letzterer liess sich indess durch die väterlichen Bedenken nicht abschrecken, sondern harrte bei seinem Vieh und seinen Büchern lesend und schreibend aus. So ging er durch die zweiklassige Stadtschule. In seinem Aeussern vernachlässigt und nicht auf dasselbe achtend, als grob und witzig sehr bald bekannt und gefürchtet, dabei mit unüberwindlichem Fleisse alle Mitschüler überflügelnd, war er in den Klassen stets der Erste, wie er denn auch als Erster eingesegnet worden ist.

Das ist die Schilderung, die uns vom Schulknaben überliefert ist. Sie zeichnet beinahe schon den Mann mit seinen Vorzügen und Mängeln, mit den Eigenschaften und Eigenheiten, die in seinem Leben wie in seinen Schriften charakteristisch hervortreten. Wer ihn jemals gesehen und gesprochen hat, weiss, dass er ohne Rücksicht auf die äussere Erscheinung einherging und lebte; wer in seinen Schriften gelesen hat, kennt die Schärfe seines Geistes, seinen kaustischen Witz, der überall, auch am ungehörigen Ort, mit Celsinischen Abfertigungen bei der Hand ist, kennt vor Allem seinen unerschöpflichen Fleiss, der auch vor dem sprödesten Stoff nicht zurückschreckt, das sicherste Zeichen geistiger Bedeutung.

Mit solchen Gaben und Kräften ausgestattet, durfte er wohl vertrauen, sich durch die Schwierigkeiten und Hindernisse des Lebens hinaufzuarbeiten und wohin er auch gerathen würde, Hervorragendes zu leisten. Dieses Selbstgefühl, das er von jeher in hohem Grade besass, hat ihn nicht getäuscht.

Als er die Schule verlassen hatte, handelte es sich zunächst darum, sich weiter für das Leben vorzubereiten. Koch entschied sich für das Schneiderhandwerk, war aber, während er diese Profession erlernte, zugleich bei dem Hof- und Stadtrichter Scheibler in seiner Vaterstadt als Abschreiber thätig. Die Vereinigung beider Beschäftigungen erforderte wiederum die grösste Anstrengung, des Morgens von 4 bis 7 Uhr arbeitete er mit der Nadel, von da ab am Schreiberpult. Wie lange er die beiden Thätigkeiten mit einander vereinigt hat, wissen wir nicht. Scheibler soll ihn manchmal zurückgewiesen haben, weil er zu dürftig gekleidet war; das Abschreiben hat ihm aber doch manchen Thaler eingebracht, den er stets mit grösster Freude heimführte. Eine noch jetzt in Mohrin lebende Frau, die verwittwete Eigenthümer Lange, damals an den Tischlermeister Rosenthal verheirathet, hat sich dann des jungen Menschen angenommen. Sie behielt ihn über zwei Jahre lang in ihrem Hause und sorgte in mütterlichster Weise für ihn. Noch heute weiss die alte Frau von den Einfällen ihres Schützlings zu erzählen, an denen sie ihre Freude gehabt, und von seinem Eifer, wie er oft des Nachts aufgestanden sei und an Thüren, Fensterbekleidungen, Stühlen Notizen gemacht habe, um Nichts zu vergessen.

Dieser Pflegemutter verdankte Koch auch sein weiteres Fortkommen. Sie brachte ihn zu dem Bruder ihres Mannes, dem bei dem damaligen Oberlandesgericht zu Soldin angestellten Kanzlisten Rosenthal. Unter dessen Leitung scheint Koch in den Subalterndienst eingetreten zu sein. Als mit der Uebersiedelung des Oberlandesgerichts Rosenthal nach Frankfurt a. O. versetzt wurde, brachte er den jungen Koch als Amtsaktuar nach Pyrehne bei Landsberg a. W. Von hier aus kam er bald als Justizaktuar an das Patrimonialgericht Reppen.

Soweit reichen die Mittheilungen aus seiner Heimath. Die Stelle in Reppen war einträglich, aber die Thätigkeit eines Subalternbeamten konnte ihm nicht lange genügen. Sein rastloser Geist war unablässig darauf bedacht, die höhere Laufbahn zu gewinnen, und es lässt sich denken, dass er Tag und Nacht gearbeitet haben wird, um einerseits die Mittel zum Studium zu ersparen, andererseits sich die zum Abiturientenexamen erforderlichen Kenntnisse anzueignen.

Im Jahre 1823 legte er seine Stelle nieder. Wenn ihm auch die nächste Zukunft durch die angesammelten Ersparnisse gesichert war, so ist doch der Muth, mit welchem er eine feste Existenz aufgab und eine neue ungewissse Laufbahn begann, um so höher anzuschlagen, als er damals bereits seit zwei Jahren verheirathet war.[1a]) Nachdem er die Maturitätsprüfung bestanden, begab er sich nach Berlin und studirte daselbst bis zum Jahre 1825. Hier lehrte damals der grosse Meister der geschichtlichen Rechtswissenschaft und er, der zuerst auch die akademische Behandlung des preussischen Landrechts angebahnt hat, ist vor Allem von bestimmendem Einfluss auf Koch's wissenschaftliche Richtung geworden. In allen Schriften des Letzteren lässt sich dieser Einfluss

---

[1a]) Seine Ehefrau Friederike Wilhelmine Charlotte Auguste geb. Hollatz hat ihn überlebt und wohnt noch gegenwärtig in Neisse. Die mehr denn fünfzigjährige Ehe ist kinderlos geblieben.

nachweisen. Nicht blos in Citaten und der äusserlichen Verehrung, die er dem Meister zollt, sondern viel mehr noch durch die Aufgaben, die er der preussischen Rechtswissenschaft stellt und durch die Methode seiner Behandlung hat er sich immer als Savigny's Schüler bekannt.

Im Jahre 1825 wurde Koch Auscultator, und da er practisch bereits hinlänglich vorgebildet war, so erfolgte schon sechs Monat später [2]) seine Ernennung zum Referendarius. Als solcher ist er alsbald literarisch hervorgetreten und hat gleich mit seiner Erstlingsschrift seinen Ruf begründet. Der „Versuch einer systematischen Darstellung der Lehre vom Besitz nach preussischem Recht im Vergleich mit dem gemeinen Recht" — trägt die Jahreszahl 1826, muss aber noch im vorhergehenden Jahre vollendet sein, da die Vorrede „Schwedt im December 1825" datirt ist. Es scheint dem angehenden Autor ergangen zu sein wie manchen Berühmtheiten *in herbis;* er hat keinen Verleger finden können, die Schrift ist „in Commission bei Ludw. Oehmigke" erschienen [3]). Des Verfassers gutes Zutrauen war hierdurch nicht beeinträchtigt; die Schüchternheit, wie sie sonst Anfängern eigen ist, die zum ersten Mal öffentlich auftreten, fehlt ihm gänzlich. Scharf und bestimmt stellt er in der Vorrede fest, worauf es nicht nur bei der Behandlung dieses speciellen Gegenstandes, sondern des preussischen Rechts überhaupt ankommt. Es giebt noch keine Wissenschaft des preussischen Rechts, die diesen Namen verdient, sondern sie ist erst zu begründen. Und dies kann nur durch die geschichtliche Methode geschehen.

„Das wissenschaftliche Studium des preussischen Rechts erfordert Nichts Geringeres als eine Untersuchung:

1) von welchen akademischen Lehrern die Mitarbeiter des Gesetzbuchs ausgebildet worden sind und welche Hauptansichten denselben in den einzelnen Materien eigen waren;

---

[2]) Im December 1825.

[3]) Die zweite Auflage erschien 1839 bei Aderholz in Breslau.

2) welche Schriften bei Abfassung des Landrechts hauptsächlich benutzt worden sind. — —

„Bei den Lücken in den Hülfsmitteln wird jeder wissenschaftliche Versuch noch lange mangelhaft ausfallen. Aber unerlässlich bleibt es, das Studium des Allgemeinen Landrechts soweit in Vergleichung mit seinen Quellen und historisch zu treiben, als es an sich möglich ist.

„Das Landrecht hat so gut wie gar keine Literatur, wenn es ausgemacht ist, dass eine Menge von Büchern allein eine solche noch nicht bilden, und von der Literatur der gemeinrechtlichen Jurisprudenz sind wir losgerissen. Wenn aber unser Landrecht eine eigene Literatur erhalten soll, d. h. wenn die juristische Beschäftigung von einem wissenschaftlichen Geist belebt und geadelt und auf diesem Wege eine sichere gleichförmige Praxis erreicht werden soll, was auf mechanischem Wege nie geschehen kann, so muss die aufgehobene Verbindung der alten Literatur mit der neuen wieder hergestellt werden. Der Jurist ist endlich zu der Ueberzeugung gekommen, dass nur ein historisches Studium das sichere Mittel für seinen Zweck ist und der preussische Jurist würde dasselbe nicht weniger zu seinem Nachtheile übersehen."

Der Vorwurf, der in diesen Worten gegen die preussische Rechtsliteratur erhoben wird, war damals durchaus gerechtfertigt. Man befand sich noch in der Periode wissenschaftlicher Dürre und Unfruchtbarkeit, die nach dem Zustandekommen der grossen Gesetzgebungswerke bei uns hereingebrochen war. Bornemann's wenige Monate vorher erschienene „Rechtsgeschäfte" und Koch's „Besitz" bildeten erst den Beginn einer besseren Zeit.

Beide hatten richtig erkannt, dass es vor Allem erforderlich sei, wieder Fühlung mit dem gemeinen Recht zu erlangen. Koch stellte sich dabei aber weit entschiedener auf den Standpunkt der historischen Schule und hat diesen Boden auch nie verlassen, während Bornemann in seinen späteren Schriften die Hinneigung zu Hegel und Gans nicht verleugnet.[4]) Dieser Gegensatz in der Richtung beider Männer hängt mit einer auch sonst hervortretenden Verschiedenheit ihrer geistigen Anlage zusammen. Koch ist der schärfere Jurist; Bornemann hat einen freieren Blick für den Gang der Rechtsentwickelung.

Schon der Gegenstand, den Ersterer sich erwählt, zeigt, wie sehr er unter Savigny's Einfluss stand. „Das Recht des Besitzes“ war damals bereits in vier Auflagen erschienen und hatte in der gemeinrechtlichen Literatur eine beispiellose Wirkung hervorgebracht. Koch unternahm es, die frische Strömung, die von demselben ausgegangen war, für das preussische Recht fruchtbar zu machen. Dies ist ihm denn auch gelungen trotz der grossen Schwierigkeiten, die sich bei diesem Thema vorzugsweise darboten. Denn in keiner anderen Materie waren zur Zeit der Redaction des Allgemeinen Landrechts die Begriffe so wenig abgeklärt gewesen, und worauf die Verfasser des Gesetzbuches gefusst hatten, vermochte Koch um so weniger mit Sicherheit festzustellen. als von den Materialien noch so gut wie Nichts bekannt war.[5])

Die Schrift fand sehr bald Anerkennung, insbesondere auch die Beachtung Savigny's selbst, der seit jener Zeit Koch's Leistungen stets mit Aufmerksamkeit verfolgt hat. Was in Zukunft seine wissenschaftliche Lebensaufgabe sein sollte, hatte dieser in der Vorrede zu seiner Erstlingsarbeit bereits angedeutet. „Von der Aufnahme dieses Werkchens wird es abhängen, ob eine gleiche Bearbeitung des ganzen preussischen Rechts nach und nach an das Tageslicht treten darf.“

Im Jahre 1827 finden wir Koch schon als Kammergerichts-

---

[4]) Man vergleiche die Abhandlung von Bornemann: Ueber die wahrhaft geschichtliche Entstehung und Bedeutung des preussischen Rechts in materieller und formeller Beziehung in Gans Beiträgen zur Revision der Preussischen Gesetzgebung S. 195 ff. — und auch dessen System.

[5]) Später sind bekanntlich die Materialien gerade für diese Lehre durch Simon und von Strampff veröffentlicht worden.

Assessor.[6]) Er ging nach Zurücklegung der grossen Staatsprüfung zunächst in die Rheinprovinz, um in Köln und Aachen französisches Recht und Gerichtsverfahren — damals und noch lange nachher das Ferment unserer Rechtsentwickelung — kennen zu lernen. In die alten Provinzen zurückgekehrt, wurde er (1829) an das Oberlandesgericht in Marienwerder versetzt. Er blieb vier Jahre lang in der Provinz Preussen, zuerst bei dem Oberlandesgericht selbst, seit 1832 in der Stellung eines Land- und Stadtgerichts-Directors in Culm. Als Frucht seiner practischen Thätigkeit veröffentlichte er in dieser Zeit (1832) die „Anleitung zum Referiren und zum Aufsetzen der Erkenntnisse bei preussischen Gerichtshöfen" — eine mit theoretischen Bemerkungen versehene Mustersammlung, die bei jüngern Practikern vielen Anklang fand und nach vier Jahren eine zweite Auflage erlebte. In dieselbe Zeit fällt eine Schrift über die Juden (1833), in welcher er zur Lösung der jetzt verklungenen Frage nach der bürgerlichen und politischen Stellung der Juden historische und juristische Beiträge lieferte.[7])

Von Culm kam Koch 1834, ebenfalls als Land- und Stadtgerichts-Director, nach Glogau und siedelte damit in die Provinz über, welcher er seitdem mit geringen Unterbrechungen bis zu seinem Tode angehört hat. Sein Aufenthalt in Glogau selbst war allerdings nicht von langer Dauer, bereits 1835 wurde er zum

---

[6]) Er muss das Examen rühmlich bestanden haben, denn es ist ihm sogleich ein *votum illimitatum* beigelegt worden.

[7]) Die Juden im Preussischen Staate. Eine geschichtliche Darstellung der politischen, bürgerlichen und privatrechtlichen Verhältnisse der Juden in Preussen nach den verschiedenen Landestheilen. Marienwerder 1833. — Mit seiner eigenen Ansicht trat Koch in dieser Schrift nicht recht hervor. Er betont zwar „die aus dem Wesen des Staats hervorgehende Nothwendigkeit der Veränderung des widernatürlichen Verhältnisses der Juden zur Staatsgewalt." Dass er indess der s. g. Emancipation damals nicht günstig war, ergiebt sich aus dem Urtheil, welches er über die bekannten Schriften von Paulus und Riesser fällt.

Rath bei dem Oberlandesgericht in Breslau ernannt. Die Hauptstadt Schlesiens vereinigte zu jener Zeit eine ganze Reihe hervorragender juristischer Kräfte, die in rüstigster und erfolgreichster Weise an der Fortbildung des preussischen Rechts arbeiteten. Wenngleich Koch's Persönlichkeit nicht dazu angethan war, dauernde Beziehungen anzuknüpfen und in unmittelbarem Verkehr auf sich wirken zu lassen oder auf Andere einzuwirken, so sind doch die Berührungen mit Männern wie Simon, Wentzel, Rönne, Baumeister u. A. nicht spurlos an ihm vorübergegangen.

Die Zeit seines Breslauer Aufenthaltes war denn auch für seine literarische Thätigkeit höchst fruchtbar. Hier begann er und vollendete auch zum grössten Theil sein wissenschaftlich bedeutendstes Werk: „Das Recht der Forderungen nach gemeinem und preussischem Recht mit Rücksicht auf neuere Gesetzgebungen historisch und dogmatisch dargestellt." Die beiden ersten Theile dieses Werkes, die allgemeinen Lehren des Obligationenrechts behandelnd, sind noch, während Koch in Breslau weilte, erschienen (1836 und 1840); nur der dritte Theil, der die einzelnen Obligationen enthält, datirt aus späterer Zeit (1843)[8]. In Verbindung hiermit steht die ebenfalls noch während des Breslauer Aufenthaltes (1837) veröffentlichte „Lehre von dem Uebergange der Forderungsrechte durch Universal- und Singular-Succession oder von der Vererbung der Forderungen, von der Cession, Assignation und Novation (Delegation und Expromission). Nach den Grundsätzen des preussischen Rechts in genauer Vergleichung mit dem Gemeinen Recht und mit Berücksichtigung des österreichischen und französischen Rechts dargestellt." Die in dem

[8]) In zweiter Ausgabe ist das Recht der Forderungen 1858 und 1859 erschienen. In derselben ist namentlich die Lehre vom Konkurse mit Rücksicht auf die inzwischen eingetretene Veränderung der Gesetzgebung neu bearbeitet.

Titel dieser letzteren Schrift bezeichneten Lehren, für welche damals namentlich Mühlenbruch's eben (1836) neu erschienene Monographie über die Cession grundlegend war, hatte Koch, weil sie eine umfänglichere Erörterung zu fordern schienen, von dem Obligationenrecht ausgeschieden.

In beiden Werken ist es Koch wiederum hauptsächlich um das preussische Recht zu thun. Im Allgemeinen Landrecht bildet bekanntlich das Obligationenrecht keinen besonders hervortretenden Theil des Rechtssystems. Die unjuristische Erweiterung des Eigenthumsbegriffes, welche Eigenthum und Vermögensmacht identificirt, hat den Begriff der Obligation völlig verschlungen und bewirkt, dass die einzelnen dem Obligationenrecht angehörigen Institute als Bestandtheile der Lehre vom Eigenthum abgehandelt worden sind. Ueber die Verwerflichkeit dieser Auffassung, über die Schwierigkeiten, die sie dem Verständniss bereitet, herrscht gegenwärtig Einstimmigkeit. Koch aber unterzog sich zum ersten Mal der Aufgabe, die Institute des Obligationenrechts aus der Umhüllung zu befreien und im Lichte systematischer Zusammengehörigkeit darzustellen.

Der allgemeine Standpunkt, von dem er dabei ausgeht, ist derselbe wie in seinem „Besitz". Die Dogmengeschichte des gemeinen Rechts und die Kenntniss der Quellen, aus denen die Redactoren geschöpft haben, sind die beiden Grundlagen für eine wissenschaftliche Bearbeitung des Landrechts. Und da die Materialien noch immer nur in spärlichem Maasse zugänglich sind, so legt er das Hauptgewicht auf die dogmengeschichtliche Entwickelung, die zugleich die Mittel gewährt, um uns die Schätze der gemeinrechtlichen Literatur zu erschliessen.

Ist hiernach der Massstab, den er an die Behandlung des vaterländischen Rechts anlegt, unverändert geblieben, so zeigt sich doch in der Art der Ausführung ein erheblicher Fortschritt. Auf viel breiterer Grundlage, reifer, selbständiger geht er bei der Untersuchung des römischen Rechts zu Wege und sein Werk erlangt einen ehrenvollen Platz auch in der gemeinrechtlichen Literatur.

Neben der Beschäftigung mit diesen Werken, neben der angestrengten Thätigkeit, welche ihm sein amtlicher Beruf auferlegte, fand Koch bewundernswerther Weise noch Musse zu einer grossen Zahl anderer literarischen Arbeiten. Er gehörte mit zu den fünf Männern, welche damals (1838) die „Ergänzungen und Erläuterungen zu den preussischen Rechtsbüchern" in's Leben riefen. Für die erste Ausgabe dieses jedem preussischen Juristen noch heute schätzbaren Hülfsbuches hat er die Einleitung, ferner Theil I. Titel 12 und Titel 21 bis 23 des Allgemeinen Landrechts bearbeitet. Später hat er sich in Folge von Misshelligkeiten, die zwischen ihm und den Mitherausgebern eintraten, von dem Unternehmen zurückgezogen.

Derselben Zeit gehört die Schrift über das „Recht und Hypothekenwesen der preussischen Domainen" an, der erste Versuch, diesen wichtigen Theil der preussischen Staatsverfassung juristisch zu erörtern und insofern bemerkenswerth, wenngleich die Grundanschauung, von der Koch ausgeht, durchaus verfehlt ist[9]).

Nicht von geringster Bedeutung war endlich das im Jahre 1837 gegründete „Schlesische Archiv für die praktische Rechtswissenschaft", welches bis zum Jahre 1846 in sechs Bänden erschienen ist. Die Zeitschrift, der während des zweiten und dritten Bandes Baumeister als Mitherausgeber hinzutrat, war dazu bestimmt, die „Rechtsbestimmungen und Rechtsmeinungen der drei schlesischen Landes - Justiz - Collegien in zweifelhaften zur richterlichen Entscheidung oder zur obrigkeitlichen Zurechtweisung (!) vor dieselbe gekommenen Rechtsfragen" mitzutheilen und mit literarischen Nachweisungen und wissenschaftlichen Bemerkungen zu begleiten. Simon's und von Strampff's Rechtssprüche dienten hierbei wesentlich als Vorbild. In ihrem Verlauf

[9]) Vgl. Rönne, Preussisches Staatsrecht. Dritte Aufl. Bd. II. S. 587.

hat diese Zeitschrift aus Veranlassung praktischer Fälle eine Reihe scharfsinniger, grossen Theils aus Koch's Feder stammender Erörterungen von Detailfragen geliefert. Die spätere Bitterkeit der Koch'schen Kritik tritt hier noch im Ganzen selten hervor; seine kritische Begabung lässt sich nicht verkennen.

Im Herbst 1840 verliess Koch Breslau und ging als Director des Land- und Stadtgerichts nach Halle a. S. [10]). Sein Name übte bereits eine nicht geringe Anziehungskraft aus. Savigny schickte seinen Sohn und den jungen Niebuhr, damals sein Mündel, nach Halle, um unter Koch's Leitung den Justizdienst zu erlernen. Auch der jetzige Staatsminister Delbrück hat unter ihm seine praktische Schule begonnen. Koch vereinigte viele Eigenschaften eines tüchtigen Dirigenten. Er kannte den Subalterndienst wie die verschiedenen Zweige der richterlichen Thätigkeit aus langjähriger eigener Uebung; er besass die ausgebreiteste Kenntniss der Gesetze, hatte eine unerschöpfliche Arbeitskraft und war von musterhafter Ordnung und Pünktlichkeit in Erledigung der Geschäfte. Gleichwohl fühlte er sich in seiner Stellung nicht lange behaglich. Schroff bis zur Heftigkeit, eigensinnig auf der einmal gefassten Meinung beharrend, unfähig sich in gesellige Verhältnisse zu schicken, gerieth er bald in seinen amtlichen wie in seinen socialen Beziehungen in Conflicte, die es ihm wünschenswerth machten, aus der Hallenser Stellung loszukommen. Er sehnte sich, wie er selbst sagt, „wieder ein Bewohner des ihm so lieb und werth gewordenen gemüthlichen Schlesiens zu werden, um in dem Fortbaue seiner hier gemachten Anlage Ersatz und Befriedigung zu finden“ [11]).

Gelegenheit zur Erfüllung seines Wunsches bot ein Stellentausch mit dem späteren Präsidenten Wentzel, dem nachmals so bewährten Förderer der preussischen Gesetzgebung. In Folge desselben wurde Koch (1841) Director des Fürstenthumsgerichtes

---

[10]) Er war zugleich zum Kreisjustizrath des Saalkreises ernannt.

[11]) Vorwort zum vierten Band des Schlesischen Archivs.

in Neisse, der Stadt, in welcher er seine amtliche Thätigkeit und auch sein Leben beschlossen hat.

Mit neuem Eifer wandte er sich hier literarischen Arbeiten zu. Er unterzog sich dem Ausbau „seiner Anlage" in umfassendster Weise. — Zwei Jahre, nachdem das Recht der Forderungen vollendet war, erschien das „Lehrbuch des gemeinen preussischen Privatrechts" (1845). Auch dies war ein bahnbrechendes Werk. An Lehr- und Handbüchern des preussischen Rechts war schon damals kein Mangel; allein keines unter ihnen genügte den Anforderungen eines Systems. Fast nirgends ging diese Literatur, soweit sie überhaupt einen Werth beanspruchen konnte, über die exegetische Erörterung einzelner Bestimmungen oder grösserer Abschnitte des Gesetzbuches hinaus. Selbst Bornemann's höchst verdienstvolles Werk macht in dieser Hinsicht keine Ausnahme und führt den Titel einer „systematischen Darstellung" kaum mit Recht[12]). Es liegt in der Natur der Dinge, dass, namentlich bei einem codificirten Recht, die Exegese der systematischen Auffassung stets vorangehen wird, allein eben so sicher ist es, dass nur die letztere zur Erkenntniss vom Wesen der Rechtsinstitute und vom Organismus des Rechts zu führen vermag. Das System ist die nothwendige Voraussetzung der Dogmatik. Koch selbst hat dies mit treffenden Worten ausgesprochen. „Gleichwie man, um Anatom zu sein, auch die Zusammensetzung des Ganzen, den Werth eines jeden einzelnen Theils und die Wechsel- und Zusammenwirkung aller Glieder kennen muss, auf gleiche Weise muss ein Rechtsgelehrter, um ein Jurist zu sein, den Rechtszustand als Ganzes übersehen und den inneren Zusammenhang aller einzelnen Lehren in sich und unter einander wissen. (System.)"

---

[12]) Bekannt ist die trockene aber nicht ungerechtfertigte Kritik, die Koch an diesem Werke übt, indem er dasselbe in seiner Literaturübersicht unter den „exegetischen Schriften über das preussische Recht" aufführt. — Dabei ist allerdings nicht zu verschweigen, dass Koch im Einzelnen der Darstellung Bornemann's sehr viel verdankt, und dass dies im Lehrbuch nicht immer genügend hervortritt.

Mit diesen Worten hat Koch zugleich auf die Bedeutung seines eigenen Lehrbuches hingewiesen. Was er im Recht der Forderungen für einen einzelnen Theil des Privatrechts geleistet, ist hier in compendiöser Form für das ganze Rechtsgebiet durchgeführt; es war die erste wahrhaft dogmatische Bearbeitung des preussischen Privatrechts.

Die Hindernisse, die unser Gesetzbuch einer solchen Behandlung entgegenstellt, sind von ihm keineswegs vollständig überwunden; allein wie sehr er den Weg geebnet, haben seine Nachfolger übereinstimmend anerkannt. Die Wissenschaftlichkeit seiner Methode, das Bestreben, überall den Zusammenhang mit dem gemeinen Recht festzuhalten, das auf scharfem Durchdenken beruhende Eindringen in den Rechtsstoff sind Vorzüge, welche die einzelnen Mängel und Ungenauigkeiten in der Ausführung weit überwiegen. Besonders der jüngeren Generation gereichte es zum Gewinn, beim Studium des preussischen Rechts eine Anleitung zu besitzen, die an das auf der Universität Erlernte anknüpfte und die sich vermöge ihrer anregenden Wirkung auf die eigene Geistesthätigkeit wohl mit Puchta's Pandekten vergleichen liess.

Eine wohlverdiente Anerkennung seiner Leistungen wurde ihm unmittelbar nach dem Erscheinen dieses Werkes zu Theil. Die Universität Halle ernannte ihn *honoris causa* zum Doctor der Rechte. *Jus patrium singulari ingenio in artis ac disciplinae formam redegit*, heisst es im Diplom.

Mit aller Schärfe seiner Polemik kämpft Koch in dem Lehrbuch gegen die durch die spätere Gerichtsorganisation beseitigte rechtsbelehrende Function des Justizministers, die sich damals bekanntlich in zahlreichen, der preussischen Rechtspflege eben nich zur Zierde gereichenden Rescripten kundgab. Er bezeichnet es bei dieser Gelegenheit geradezu als ein Hauptziel seiner gesammten Bestrebungen, dahin zu wirken, „dass der Glaube an die Berechtigung irgend einer Amtsautorität in Sachen der Wissenschaft wankend werde.“ — Dasselbe Bestreben vertritt er in der Beurtheilung der ersten zehn Bände der Entscheidungen des Königlichen Geheimen Obertribunals (1847) auch gegenüber dem höchsten Gerichtshofe.

Die Autorität dieses letzteren war freilich ungleich berechtigter als die des Justiz-Ministers. Der Einfluss, den die Rechtsauffassungen der obersten Instanz auf die Gerichte des Landes auszuüben pflegen, ist schon im Allgemeinen durchaus natürlich und sachlich begründet. Das Ansehen des Ober-Tribunals insbesondere wurde verstärkt durch die Sorgfalt, mit welcher die früheren Bände der Entscheidungen redigirt waren. Gewährte hiernach die amtliche Sammlung bei richtiger Benutzung unzweifelhaft eine reiche Quelle der Belehrung, so ging man doch in der Praxis über dies richtige Maass häufig hinaus und acceptirte die Präjudicien und Ansichten des Ober-Tribunals als solche, ohne nach ihrer Begründung zu fragen. Darin lag dann allerdings ein Verzicht auf diejenige Selbständigkeit, welche das Gesetz dem preussischen Juristen zur Pflicht macht.

Im Gegensatz zu dieser Art der Unterordnung, die immer mehr um sich zu greifen drohte und die in ihren Folgen auch auf die Judicatur des höchsten Gerichtshofes selbst nachtheilig einwirken musste, war es von hohem Werth, dass Koch die einzelnen in den Entscheidungen mitgetheilten Erkenntnisse einer prüfenden Beurtheilung unterzog und das Amt einer unabhängigen Kritik an ihnen übte. Wenn man auch mit der Form der letzteren wie mit ihren Ergebnissen nicht überall einverstanden sein kann, so ist sie doch im Ganzen von wohlthätigem Einfluss gewesen und es ist eine erfreuliche Erscheinung, dass sein Vorbild auch auf diesem Wege bis in die neueste Zeit Nachfolger gefunden hat.

Schon vor dem Erscheinen seines Lehrbuches hatte Koch sich noch einem andern Gebiet zugewendet. In der 1843 veröffentlichten Schrift Preussens Rechtsverfassung und wie sie zu reformiren sein möchte, sowie in der Ersten Fortsetzung, welche er derselben im nächsten Jahre folgen liess, beleuchtet er die Missstände der damaligen Gerichtsverfassung und theilweise auch des Processes. In einem eigenen gegen ihn gerichteten Ministerial-Rescript wurde ausdrücklich anerkannt, dass er vielfach das Richtige getroffen und die wunden Stellen aufgedeckt habe. Nicht wenige seiner Forderungen sind noch heute beherzigenswerthe, wenngleich fromme Wünsche geblieben.

Ihn selbst führten diese Studien zu einer eingehenderen Beschäftigung mit dem Civilprocess, den er fortan gleich dem materiellen Recht in verschiedenen Werken behandelt hat. Das 1847 erschienene Lehrbuch: Der preussische Civil-Process[13]) steht zwar an Werth hinter dem Lehrbuch des Privatrechts zurück. Allein es ist doch wieder die erste nach wissenschaftlicher Entwickelung strebende Darstellung dieses Gegenstandes. Und man darf nicht ausser Betracht lassen, dass das aus verschiedenartigen Bestandtheilen zusammengesetzte gerichtliche Verfahren, wie es bis zur Stunde in den altländischen Provinzen Preussens besteht, einer systematischen Auffassung noch weit ungünstiger ist wie das Allgemeine Landrecht.

Endlich ist während des hier geschilderten ersten Abschnittes seines Neisser Aufenthaltes das später wiederholt umgearbeitete und ergänzte Formularbuch für instrumentirende Gerichtspersonen und Notarien entstanden (1844)[14]), merkwürdiger Weise diejenige seiner Publicationen, die am häufigsten aufgelegt worden ist.

Das Jahr 1848 beschliesst diesen Abschnitt. Nachdem Bornemann das Justizministerium übernommen hatte, berief er Koch nach Berlin und übertrug ihm den Entwurf der damals bereits in Aussicht genommenen Process-Ordnung. Wie sehr es anzuerkennen ist, dass Bornemann sich bei dieser Gelegenheit frei von kleinlicher Rivalität zeigte, so war doch diese Wahl kein besonders

---

[13]) In zweiter vermehrter und verbesserter Ausgabe 1854 erschienen.

[14]) Die neueste Auflage, in der er auch einen Kommentar über das Notariatsgesetz beigefügt hat, ist die achte. (1870.)

glücklicher Griff. Koch war in der gesetzgeberischen Thätigkeit nicht am rechten Platz. Der in Folge jenes Auftrages von ihm ausgearbeitete und demnächst veröffentlichte Entwurf [15]) enthält zwar im Vergleich zu dem bisherigen Verfahren manche Fortschritte. Es wird versucht, der Mündlichkeit einen grösseren Spielraum zu gewähren, die positiven Beweisregeln sind beseitigt; bei den Collegialgerichten soll Advocatenzwang stattfinden und die Freiheit der Advocatur wird als nothwendige Grundlage vorausgesetzt. Andererseits ist aber der Standpunkt des Gesetzes vom 21. Juli 1846 in einer mit dem Princip der Mündlichkeit nicht zu vereinbarenden Weise aufrecht erhalten. So ist die Eventualmaxime und die frühere Folge des Ungehorsams und der Versäumniss bestehen geblieben und in der durch die Schriftsätze vorbereiteten mündlichen Verhandlung dürfen, ausser Zugeständnissen, keine neuen thatsächlichen Angaben vorgebracht werden. Wie sich schon hieraus ergiebt, entbehrt Koch's Entwurf der rechten Harmonie; überdies ist die Formulirung der einzelnen Sätze ziemlich schwerfällig. Es war deshalb kein Schade, dass seine Arbeit später zurückgelegt wurde, und die bitteren Vorwürfe, die er hierüber gegen den Justizminister Kisker erhoben hat [16]), erweisen sich bei unbefangener Beurtheilung als grundlos.

Viel eher wäre er zum Mitglied des Obertribunals geeignet gewesen, allein auch diese Stelle entging ihm, nachdem er eine Zeitlang als Hilfsarbeiter beim höchsten Gerichtshof fungirt hatte. Hierbei scheint ihm in der That Unrecht geschehen zu sein. Es war die Zeit herangekommen, in welcher man die gute Gesinnung als unerlässliche Bedingung für ein höheres Richteramt betrachtete und namentlich auf die Purification des Obertribunals bedacht war.

---

[15]) Entwurf einer Civil-Process-Ordnung für den Preussischen Staat mit den Motiven. Berlin 1848.

[16]) Namentlich in der Schrift: Die bevorstehende Gerichtsorganisirung und die Patrimonialrichter in Preussen. Der hohen Versammlung der Volksvertreter gewidmet. Berlin 1849.

Diese Rücksicht scheint vorzugsweise gegen Koch entschieden zu haben, der im Jahre 1848 einige demokratische Reden gehalten hatte. Dazu kam das Ungefällige seines persönlichen Auftretens. So musste er, in grossen und zum Theil berechtigten Erwartungen getäuscht, bei der Durchführung der Gerichtsorganisation als Kreisgerichtsdirector in seine alte Stellung zurückkehren, und er ist in derselben verblieben, bis er 1854 sich in den Ruhestand versetzen liess [17]). Die nächsten Jahre verlebte er auf dem in der Nähe von Neisse belegenen Rittergut Blumenthal, welches er aus dem Ertrage seiner schriftstellerischen Arbeiten erworben hatte. Nach der Veräusserung desselben schlug er wiederum seinen Wohnsitz in Neisse auf. Vorübergehend trat er nochmals in das öffentliche Leben ein, als er während der Conflictszeit von einem schlesischen Wahlkreis in das Abgeordnetenhaus berufen wurde. Er gehörte hier der Fortschrittspartei an, bezeigte indess weder Neigung noch Geschick zu den parlamentarischen Geschäften und gab die Betheiligung an denselben auch bald wieder auf. Fortan widmete er sich, in völliger Zurückgezogenheit lebend, ausschliesslich seiner literarischen Beschäftigung und ist inmitten derselben am 21. Januar 1872 nach kurzer Krankheit verstorben.

Auch in der letzten Periode seines Lebens bewährte sich seine erstaunliche Leistungsfähigkeit. Ungerechnet die zahlreichen neuen Auflagen älterer Schriften hat er in derselben mehr producirt als während seiner ganzen bisherigen literarischen Thätigkeit. Die Massenhaftigkeit der Production war allerdings dem Werth seiner Leistungen nicht immer förderlich. Während seine früheren Schriften fast ohne Ausnahme wissenschaftliche Bedeutung beanspruchen durften, lässt sich von denen aus dieser letzten Periode keineswegs durchweg dasselbe behaupten. Er war am Schluss seines Lebens,

---

[17]) Ueber eine Disciplinaruntersuchung, die ihm in den letzten Jahren seiner Thätigkeit (1852) zu Theil wurde und deren (nach Koch's Mittheilungen mindestens) curiose Veranlassung vergl. Preuss. Civilprocess. 2. Ausg. S. 330.

verführt durch die Gunst, mit der seine Schriften aufgenommen wurden, wie durch die lohnenden Erträge, die sie ihm einbrachten, in eine für seinen Ruf bedenkliche Vielschreiberei gerathen.

Glücklicherweise liess er sich hierdurch nicht vollständig absorbiren. Die beiden Werke, die ihn hauptsächlich beschäftigten und denen auch seine letzten Federstriche zugewendet waren, seine Ausgaben der Process-Ordnung und des Allgemeinen Landrechts[18]) sind von grösserer Bedeutung. Er stellt sich in denselben bekanntlich die umfassende Aufgabe, dem Text der beiden Gesetzbücher die abändernden und ergänzenden gesetzlichen Bestimmungen einzufügen und das gesammte Material durch einen fortlaufenden Commentar zu erläutern. Die Ausführung dieser Aufgabe lässt, wie natürlich, Manches zu wünschen übrig. Gleichwohl wird man einräumen müssen, dass er den kolossalen Stoff grossen Theils glücklich bewältigt hat und dass sein ausserordentlicher Scharfsinn auch hier glänzend zu Tage tritt.

Die Bedeutung seiner Commentare steht im Ganzen hinter der seiner dogmatischen Leistungen nicht zurück und der grosse Erfolg, den die ersteren erlangt haben, ist nicht nur mit Rücksicht auf ihre practische Brauchbarkeit gerechtfertigt.

Wie schon früher erwähnt, gehört Koch seiner ganzen Richtung nach wesentlich der historischen Schule an. Auf dieser Grundlage beruhen seine wissenschaftlichen Bestrebungen. Ihm vor Allen ist es zu danken, dass der grosse Fortschritt in der Auffassung vom Wesen des Rechts wie in der Methode, den wir Savigny schulden, auch für unser vaterländisches Recht fruchtbar geworden ist.

---

[18]) Die erste Auflage der Process-Ordnung ist 1851, die neueste (sechste) 1871 erschienen. Die erste Auflage des Allg. Landrechts wurde 1852 begonnen und 1856 vollendet. Die gegenwärtig zum Abschluss gebrachte, mit deren Manuscript er unmittelbar vor seiner letzten Erkrankung fertig geworden war, ist vom ersten Band die fünfte, von den übrigen Bänden die vierte Auflage.

Während seiner beinah fünfzigjährigen literarischen Thätigkeit hat er unermüdlich daran gearbeitet, den historischen Zusammenhang zwischen dem preussischen und dem gemeinen Recht darzulegen und auf diesem Wege eine wissenschaftliche Behandlung des ersteren anzubahnen. Seinem Beruf nach Practiker, kannte er keinen Gegensatz zwischen der Theorie und der Rechtsanwendung; er hat oft genug auf die innige Verbindung hingewiesen, die zwischen beiden besteht [19]), und der ganze Inhalt seiner Schriften war dazu bestimmt, das Bewusstsein hiervon unter den preussischen Juristen lebendig zu erhalten. Im Hinblick auf die grossen Verdienste, die er sich dadurch erworben, verschwinden die Mängel, die seinen Arbeiten anhaften, wie bei der Betrachtung des Mannes selbst und seines thätigen, vom höheren Streben erfüllten Lebens die Unvollkommenheiten seiner Persönlichkeit in den Hintergrund treten. Die Gesetzgebung und die Wissenschaft sind bereits zum Theil über Koch hinausgegangen und unzweifelhaft wird dies bald in noch viel weiterem Umfang geschehen. Immer aber wird seinem Namen die dankbare Erinnerung gesichert sein, dass er mehr als irgend Jemand vor ihm dazu beigetragen hat, die Erkenntniss des preussischen Rechtes zu fördern.

---

[19]) Vgl. z. B. die drastische Bemerkung in der Beurtheilung der Entscheidungen S. 2 Anm. 3.

FSC
www.fsc.org
MIX
Papier | Fördert gute Waldnutzung
FSC® C083411

Kolibri 360 GmbH
Ferdinand-Jühlke-Straße 7
99095 Erfurt, Deutschland
produktsicherheit@kolibri360.de